Impressum
Verlag: BABADADA GmbH, Nedderfeld 112 , 22529 Hamburg
Geschäftsführer / Verlagsleitung: Harald Hof
Druck: Books on Demand GmbH, In de Tarpen 42, 22848 Norderstedt

Imprint
Publisher: BABADADA GmbH, Nedderfeld 112 , 22529 Hamburg, Germany
Managing Director / Publishing direction: Harald Hof
Print: Books on Demand GmbH, In de Tarpen 42, 22848 Norderstedt

škola
l'école

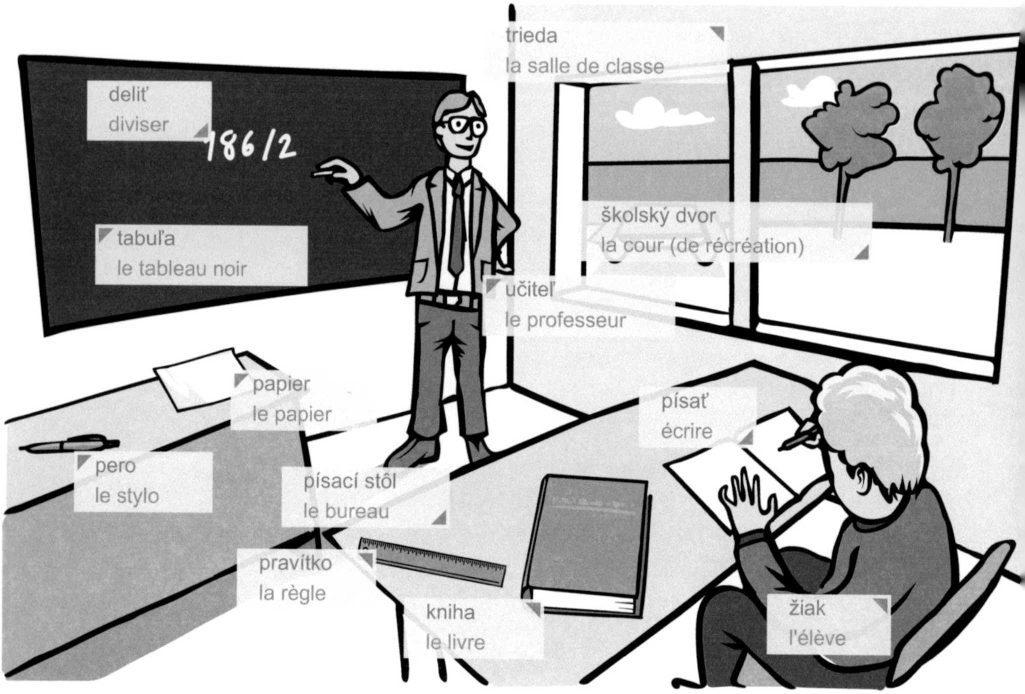
trieda
la salle de classe
deliť
diviser
186/2
tabuľa
le tableau noir
školský dvor
la cour (de récréation)
učiteľ
le professeur
papier
le papier
písať
écrire
pero
le stylo
písací stôl
le bureau
pravítko
la règle
kniha
le livre
žiak
l'élève

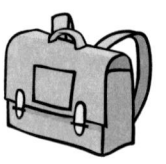

školská taška

le cartable

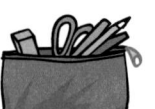

peračník

la trousse

ceruza

le crayon

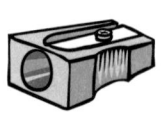

strúhadlo na ceruzky

le taille-crayon

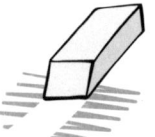

guma

la gomme

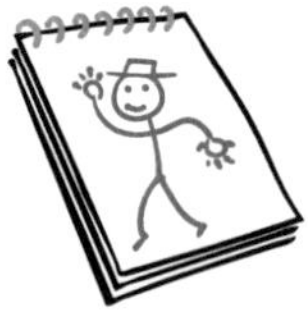

skicár

le carnet à dessin

kresba

le dessin

štetec

le pinceau

vodové farby

la boîte de peinture

nožnice

les ciseaux

lepidlo

la colle

cvičný zošit

le cahier d'exercices

domáca úloha

les devoirs

číslo

le chiffre

sčítať

additionner

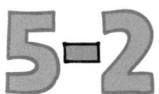

odčítať

soustraire

násobiť

multiplier

počítať

calculer

písmeno

la lettre

abeceda

l'alphabet

slovo

le mot

text

le texte

čítať

lire

krieda

la craie

hodina

la leçon

triedna kniha

le livre de classe

skúška

l'examen

certifikát

le certificat

školská uniforma

l'uniforme scolaire

vzdelanie

la formation

encyklopédia

le lexique

univerzita

l'université

mikroskop

le microscope

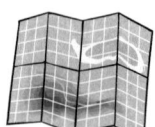

mapa

la carte

kôš na papier

la corbeille à papier

cesta
le voyage

hotel
l'hôtel
Grand
nocľaháreň
l'auberge
ROOMS
zmenáreň
le bureau de change
EXCHANGE
kufor
la valise
auto
la voiture

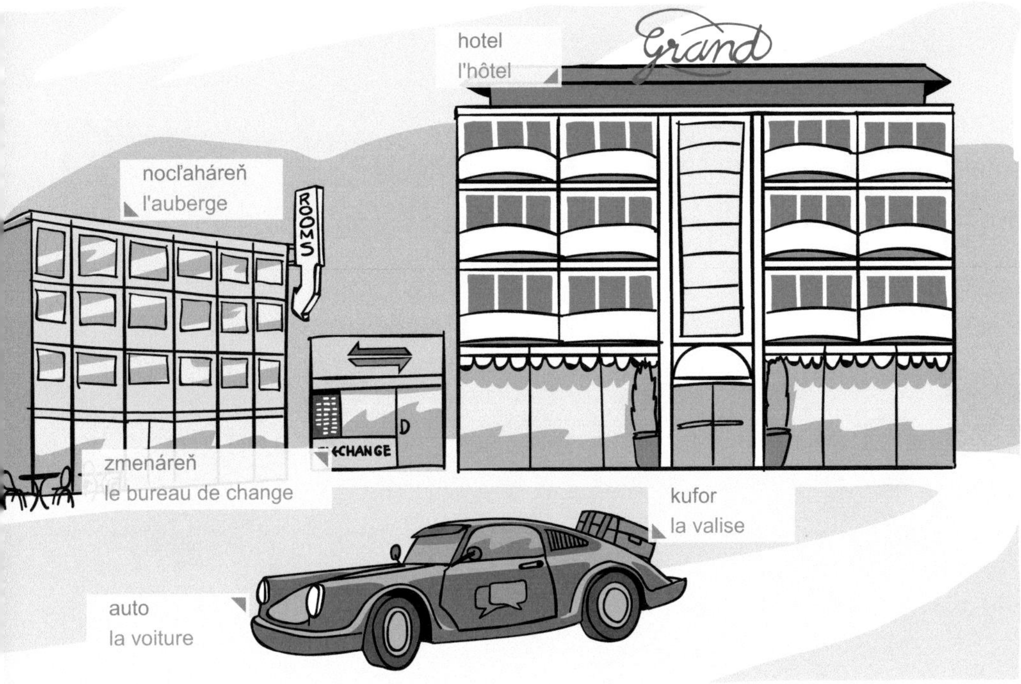

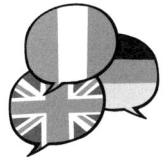

jazyk

la langue

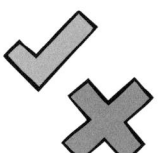

áno/nie

oui / non

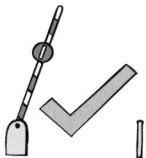

v poriadku

d'accord

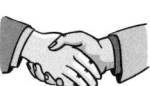

ahoj

Salut

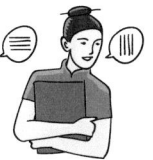

prekladateľ

l'interprète

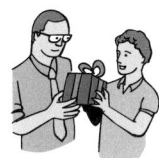

ďakujem

merci

Koľko stojí ... ?

Combien coûte...?

Nerozumiem

Je ne comprends pas

problém

le problème

Dobrý večer!

Bonsoir !

Dobré ráno!

Bonjour !

Dobrú noc!

Bonne nuit !

Dovidenia

Au revoir

smer

la direction

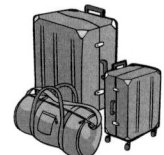

batožina

les bagages

taška

le sac

batoh

le sac-à-dos

hosť

l'hôte

izba

la pièce

spacák

le sac de couchage

stan

la tente

informácie pre turistov

l'office de tourisme

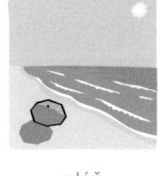

pláž

la plage

kreditná karta

la carte de crédit

raňajky

le petit-déjeuner

obed

le déjeuner

večera

le dîner

cestovný lístok

le billet

výťah

l'ascenseur

poštová známka

le timbre

hranica

la frontière

clo

la douane

veľvyslanectvo

l'ambassade

vízum

le visa

cestovný pas

le passeport

doprava
le transport

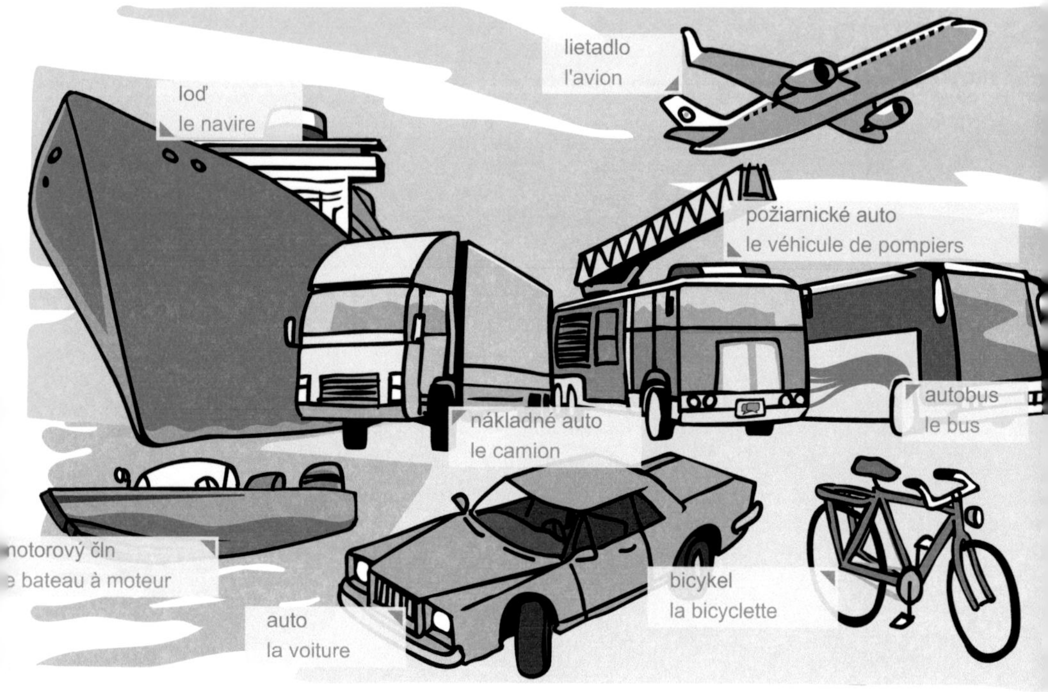
lietadlo
l'avion
loď
le navire
požiarnické auto
le véhicule de pompiers
autobus
le bus
nákladné auto
le camion
notorový čln
e bateau à moteur
bicykel
la bicyclette
auto
la voiture

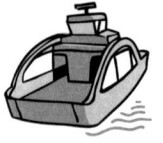

trajekt
le ferry

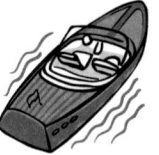

loď
la barque

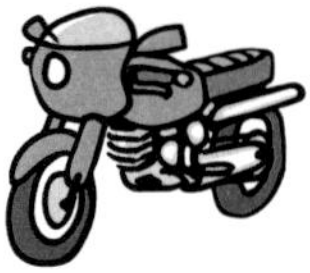

motorka
la moto

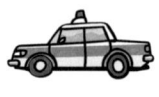

policajné auto
la voiture de police

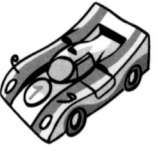

pretekárske auto
la voiture de course

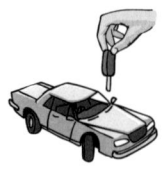

vozidlo z požičovne
la voiture de location

carsharing

l'auto-partage

odťahové auto

la voiture de remorquage

smetiarske auto

la benne à ordures

motor

le moteur

benzín

l'essence

čerpacia stanica

la station d'essence

dopravná značka

le panneau indicateur

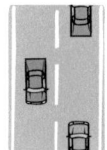

premávka

le trafic

zápcha

l'embouteillage

parkovisko

le parking

vlaková stanica

la gare

trate

les rails

vlak

le train

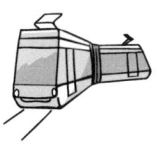

električka

le tramway

vagón

le wagon

helikoptéra

l'hélicoptère

letisko

l'aéroport

veža

la tour

pasažier

le passager

kontajner

le conteneur

kartón

le carton

vozík

le chariot

kôš

la corbeille

štartovať / pristáť

décoller / atterrir

mesto
la ville

dedina

le village

centrum mesta

le centre-ville

dom

la maison

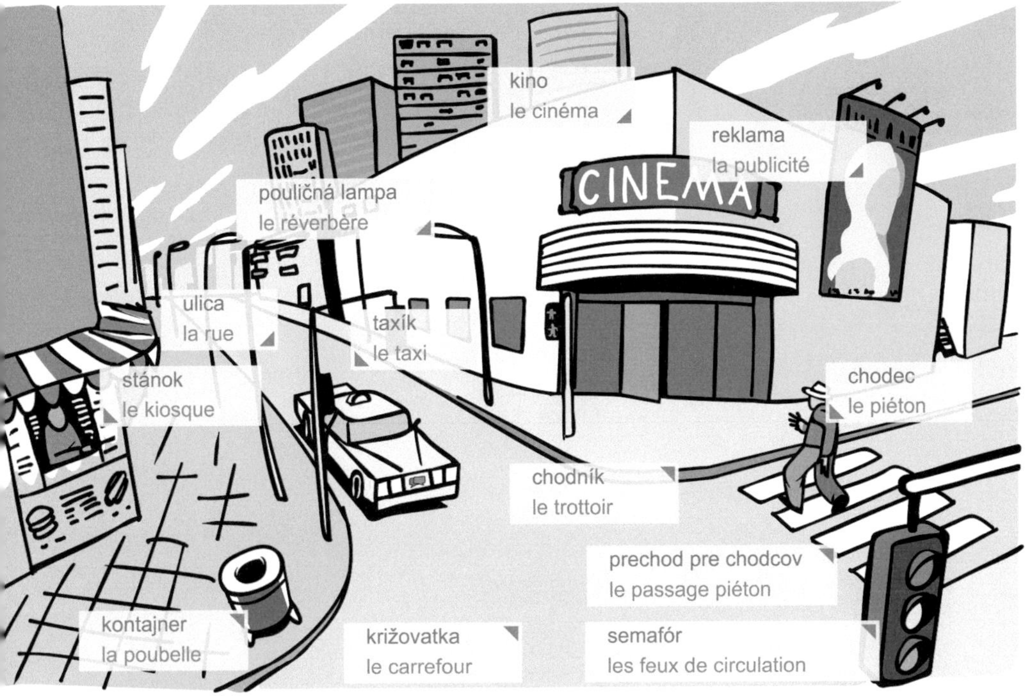
kino
le cinéma
CINEMA
reklama
la publicité
pouličná lampa
le réverbère
ulica
la rue
taxík
le taxi
stánok
le kiosque
chodec
le piéton
chodník
le trottoir
prechod pre chodcov
le passage piéton
kontajner
la poubelle
križovatka
le carrefour
semafór
les feux de circulation

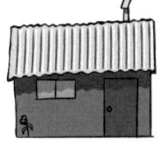

chata

la cabane

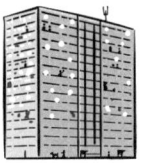

byt

l'appartement

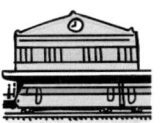

vlaková stanica

la gare

radnica

la mairie

MUSEUM

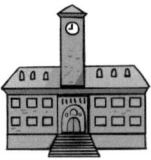

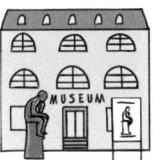

múzeum

le musée

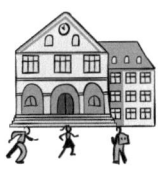

škola

l'école

univerzita

l'université

banka

la banque

nemocnica

l'hôpital

hotel

l'hôtel

lekáreň

la pharmacie

kancelária

le bureau

kníhkupectvo

la librairie

obchod

le magasin

kvetinárstvo

le fleuriste

supermarket

le supermarché

trh

le marché

obchodný dom

le grand magasin

obchodník s rybami

la poissonnerie

nákupné stredisko

le centre commercial

prístav

le port

park
le parc

lavička
la banque

most
le pont

schody
les escaliers

metro
le métro

tunel
le tunnel

autobusová zastávka
l'arrêt de bus

bar
le bar

reštaurácia
le restaurant

poštová schránka
la boîte à lettres

tabuľa s názvom ulice
le panneau indicateur

parkovacie hodiny
le parcmètre

ZOO
le zoo

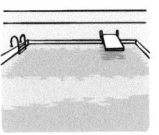

plaváreň
le réverbère

mešita
la mosquée

farma
la ferme

znečisťovanie životného prostredia
la pollution

cintorín
la cimetière

kostol
l'église

ihrisko
l'aire de jeux

chrám
le temple

terén

le paysage

list
la feuille

smerová tabuľa
le panneau indicateur

cesta
le chemin

lúka
le pré

kameň
la pierre

turista
le randonneur

strom
l'arbre

rieka
la rivière

tráva
l'herbe

kvet
la fleur

dolina

la vallée

kopec

la montagne

jazero

le lac

les

la forêt

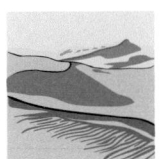

púšť

le désert

vulkán

le volcan

zámok

le château

dúha

l'arc-en-ciel

hríb

le champignon

palma

le palmier

komár

le moustique

mucha

la mouche

mravec

les fourmis

včela

l'abeille

pavúk

l'araignée

chrobák

le coléoptère

žaba

la grenouille

veverička

l'écureuil

jež

le hérisson

zajac

le lièvre

sova

la chouette

vták

l'oiseau

labuť

le cygne

diviak

le sanglier

jeleň

le cerf

los

l'élan

hrádza

le barrage

veterná turbína

l'éolienne

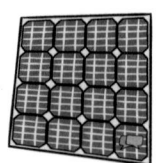

solárny panel

le panneau solaire

podnebie

le climat

reštaurácia
le restaurant

čašník
le serveur
jedálny lístok
le menu
stolička
la chaise
polievka
la soupe
pizza
la pizza
príbor
les couverts
obrus
la nappe

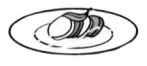

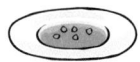

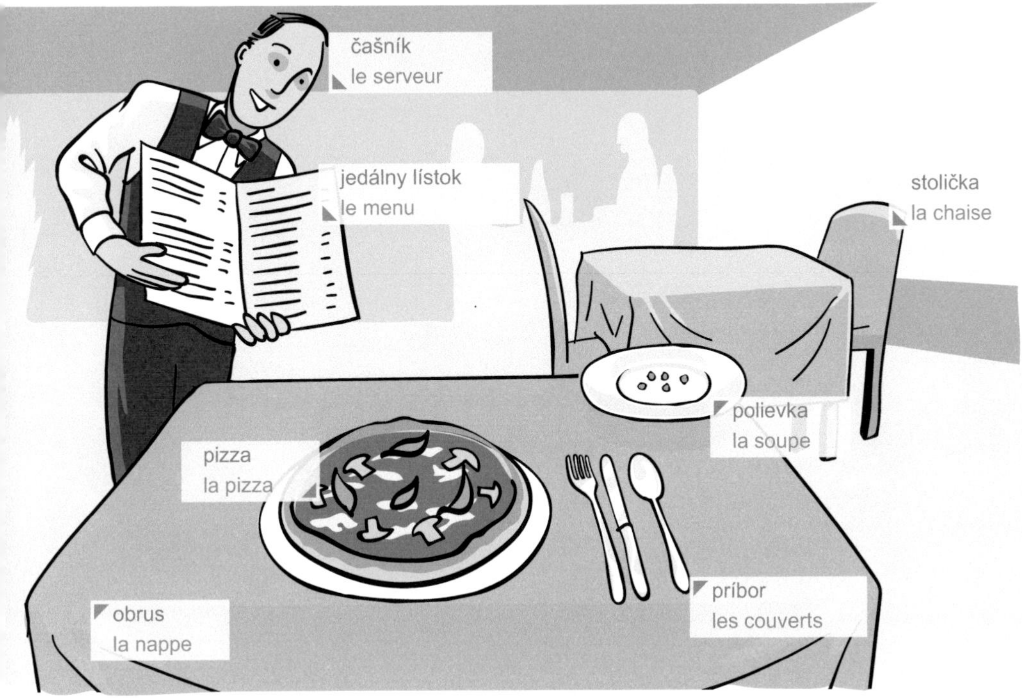

predjedlo

les hors d'œuvre

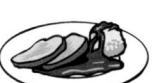

hlavné jedlo

le plat principal

zákusok

le dessert

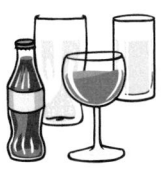

nápoje

les boissons

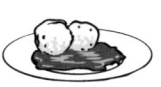

jedlo

l'alimentation

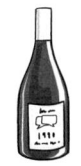

fľaša

la bouteille

fast-food

le fast-food

street food

les plats à emporter

kanvica na čaj

la théière

cukornička

le sucrier

porcia

la portion

stroj na espresso

la machine à expresso

detská stolička

la chaise haute

účet

la facture

podnos

le plateau

nôž

le couteau

vidlička

la fourchette

lyžica

la cuillère

čajová lyžička

la cuillère à thé

obrúsok

la serviette

pohár

le verre

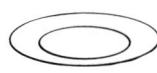

tanier

l'assiette

hlboký tanier

l'assiette à soupe

podšálka

la soucoupe

omáčka

la sauce

soľnička

la salière

mlynček na korenie

le moulin à poivre

ocot

le vinaigre

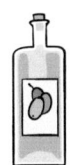

olej

l'huile

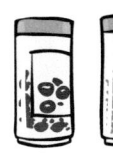

korenie

les épices

kečup

le ketchup

horčica

la moutarde

majonéza

la mayonnaise

supermarket
le supermarché

špeciálna ponuka
l'offre promotionnelle
FOR
klient
le client
mliečne výrobky
les produits laitiers
ovocie
les fruits
nákupný vozík
le chariot

BUTCHERS

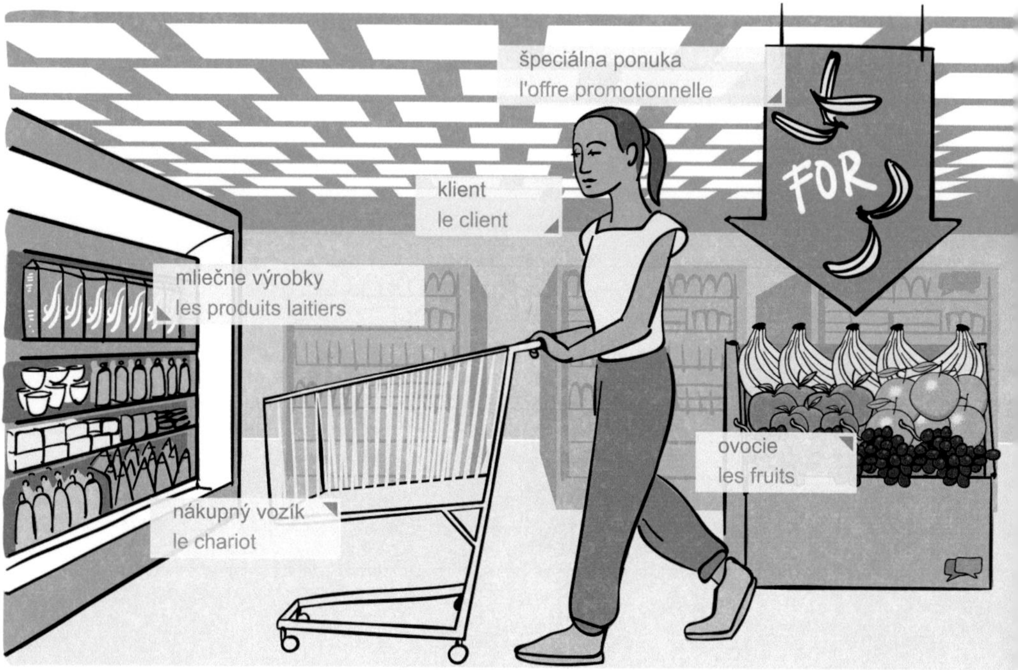

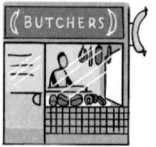

mäsiarstvo

la boucherie

BAKERY

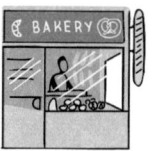

pekáreň

la boulangerie

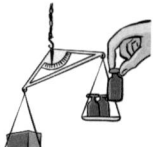

vážiť

peser

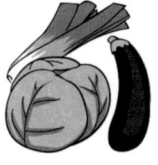

zelenina

les légumes

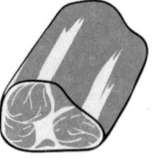

mäso

la viande

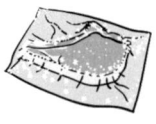

mrazené potraviny

les aliments surgelés

nárez

la charcuterie

konzervy

les conserves

prací prostriedok

la poudre à lessive

sladkosti

les bonbons

domáce potreby

les articles ménagers

čistiace prostriedky

les détergents

predavačka

la vendeuse

pokladňa

la caisse

pokladník

le caissier

nákupný zoznam

la liste d'achats

otváracie hodiny

les heures d'ouverture

peňaženka

le portefeuille

kreditná karta

la carte de crédit

taška

le sac

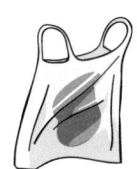

plastové vrecko

le sac en plastique

voda

l'eau

džús

le jus de fruit

mlieko

le lait

kola

le coca

víno

le vin

pivo

la bière

alkohol

l'alcool

kakao

le chocolat chaud

čaj

le thé

káva

le café

espresso

l'expresso

kapučíno

le cappuccino

banán

la banane

jablko

la pomme

pomaranč

l'orange

melón

le melon

citrón

le citron.

mrkva

la carotte

cesnak

l'ail

bambus

le bambou

cibuľa

l'oignon

hríb

le champignon

orechy

les noisettes

rezance

les pâtes

špagety

les spaghetti

ryža

le riz

šalát

la salade

hranolky

les pommes frites

pečené zemiaky

les pommes de terre rôties

pizza

la pizza

hamburger

le hamburger

obložený chlebík

le sandwich

rezeň

l'escalope

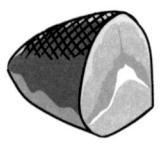

šunka

le jambon

saláma

le salami

klobása

la saucisse

kurča

le poulet

pečené mäso

le rôti

ryba

le poisson

ovsené vločky

les flocons d'avoine

müsli

le muesli

kukuričné lupienky

les cornflakes

múka

la farine

croissant

le croissant

pečivo

les petits-pains

chlieb

le pain

hrianka

le pain grillé

sušienky

les biscuits

maslo

le beurre

tvaroh

le fromage blanc

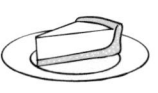

koláč

le gâteau

vajce

l'œuf

volské oko

l'œuf au plat

syr

le fromage

zmrzlina
la glace

cukor
le sucre

med
le miel

lekvár
la confiture

nugátová nátierka
la crème nougat

karí korenie
le curry

farma
la ferme

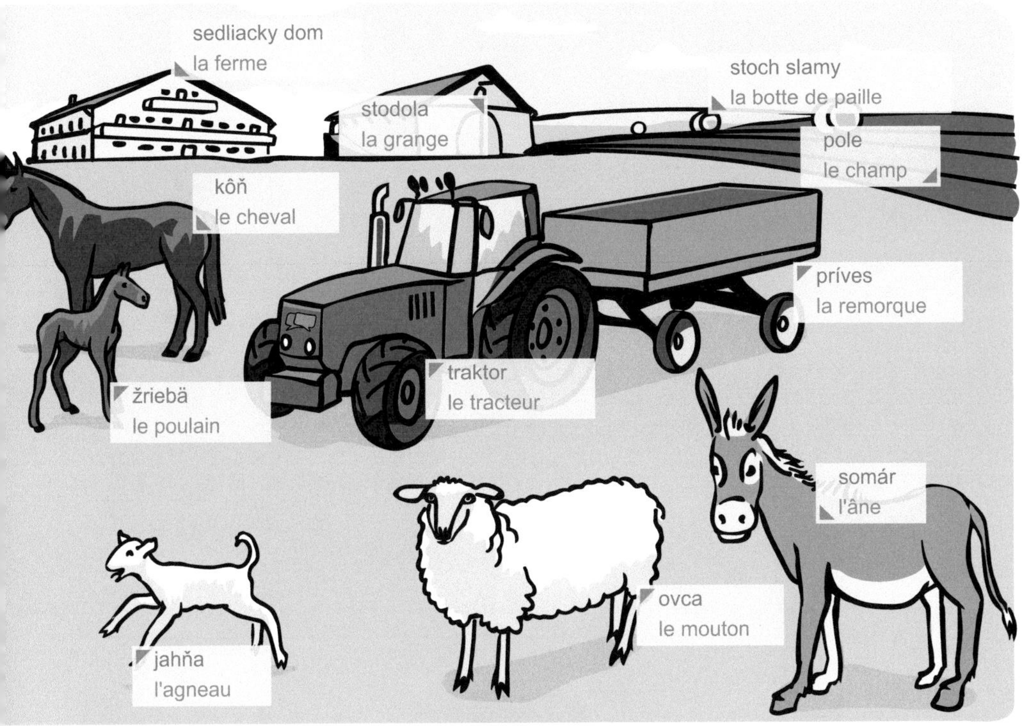
sedliacky dom
la ferme
stoch slamy
la botte de paille
stodola
la grange
pole
le champ
kôň
le cheval
príves
la remorque
traktor
le tracteur
žriebä
le poulain
somár
l'âne
ovca
le mouton
jahňa
l'agneau

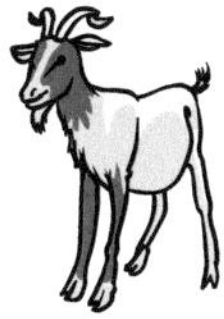

koza

la chèvre

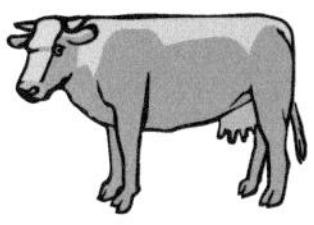

krava

la vache

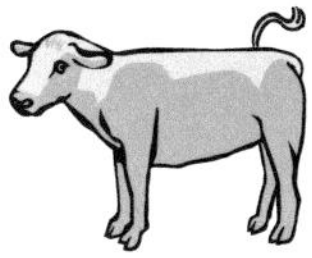

teľa

le veau

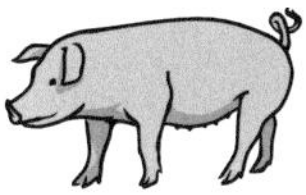

prasa

le porc

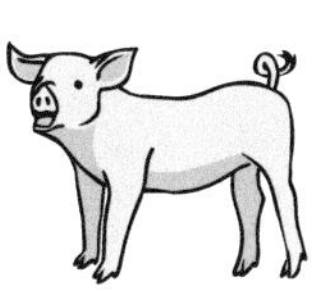

prasiatko

le porcelet

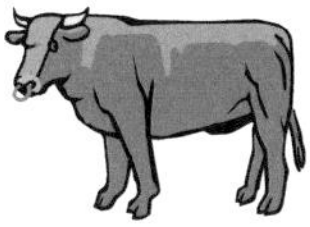

býk

le taureau

hus

l'oie

kačica

le canard

kuriatko

le poussin

sliepka

la poule

kohút

le coq

potkan

le rat

mačka

le chat

myš

la souris

vôl

le bœuf

pes

le chien

psia búda

le chenil

záhradná hadica

le tuyau de jardin

krhla

l'arrosoir

kosa

la faucheuse

pluh

la charrue

farma - la ferme

kosák

la faucille

motyka

la pioche

vidly na hnoj

la fourche

sekera

la hache

fúrik

la brouette

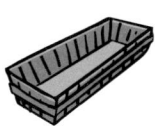

koryto

la cuve

kanva na mlieko

le pot à lait

vrece

le sac

plot

la clôture

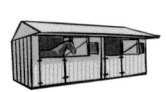

maštaľ

l'étable

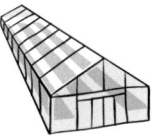

skleník

le serre

pôda

le sol

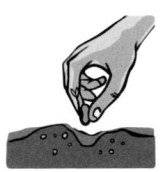

osivo

les semences

hnojivo

l'engrais

kombajn

la moissonneuse-batteuse

farma - la ferme

žať

récolter

žatva

la récolte

batát

l'igname

pšenica

le blé

sója

le soja

zemiak

la pomme de terre

kukurica

le maïs

repka

le colza

ovocný strom

l'arbre fruitier

maniok

le manioc

obilie

les céréales

dom
la maison

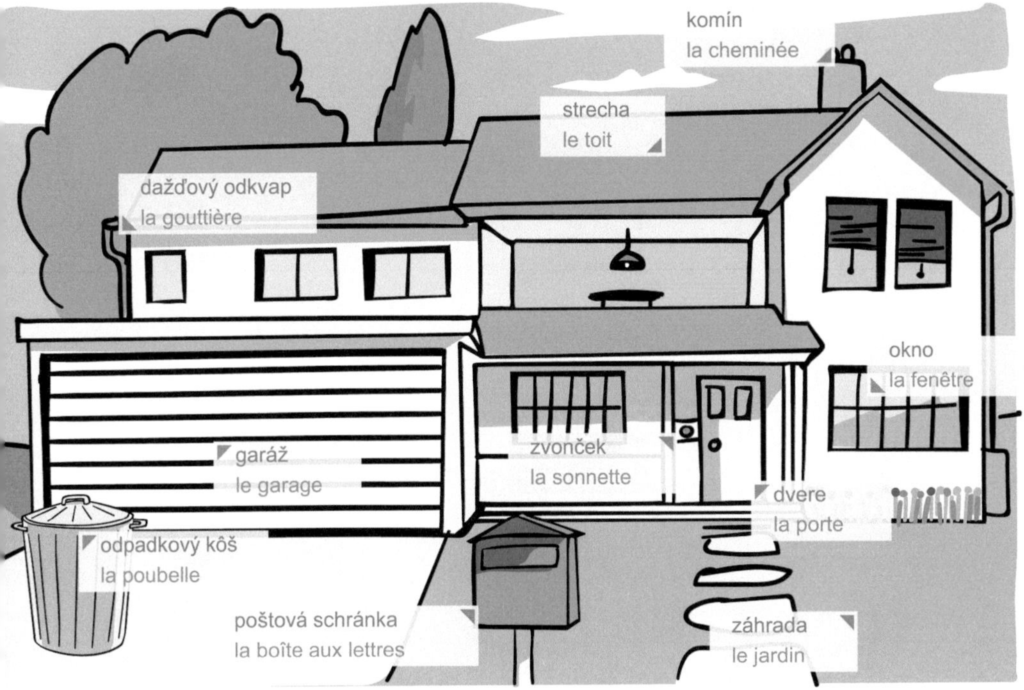

komín
la cheminée
strecha
le toit
dažďový odkvap
la gouttière
okno
la fenêtre
garáž
le garage
zvonček
la sonnette
dvere
la porte
odpadkový kôš
la poubelle
poštová schránka
la boîte aux lettres
záhrada
le jardin

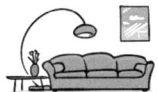

obývačka
le salon

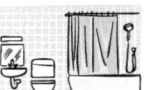

kúpeľňa
la salle de bain

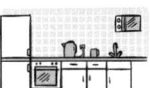

kuchyňa
la cuisine

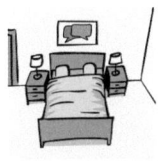

spálňa
la chambre à coucher

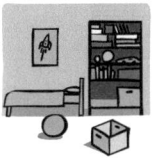

detská izba
la chambre d'enfant

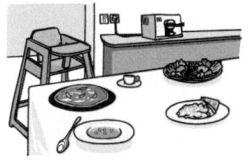

jedáleň
la salle à manger

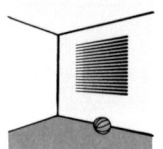

podlaha

le sol

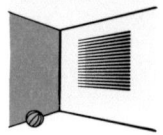

stena

le mur

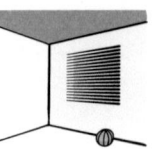

strop

le plafond

pivnica

la cave

sauna

le sauna

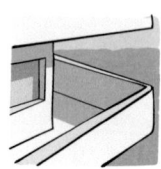

balkón

le balcon

terasa

la terrasse

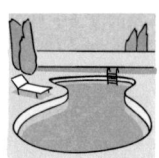

bazén

la piscine

kosačka

la tondeuse à gazon

obliečka

la housse

posteľná prikrývka

la couette

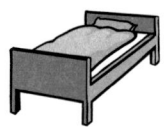

posteľ

le lit

metla

le balai

vedro

le sceau

vypínač

l'interrupteur

obývačka
le salon

tapeta
le papier peint
obraz
l'image
lampa
la lampe
regál
l'étagère
skriňa
l'armoire
televízor
la télé
kozub
la cheminée
kvet
la fleur
vankúš
le coussin
pohovka
le sofa
váza
le vase
diaľkové ovládanie
la télécommande

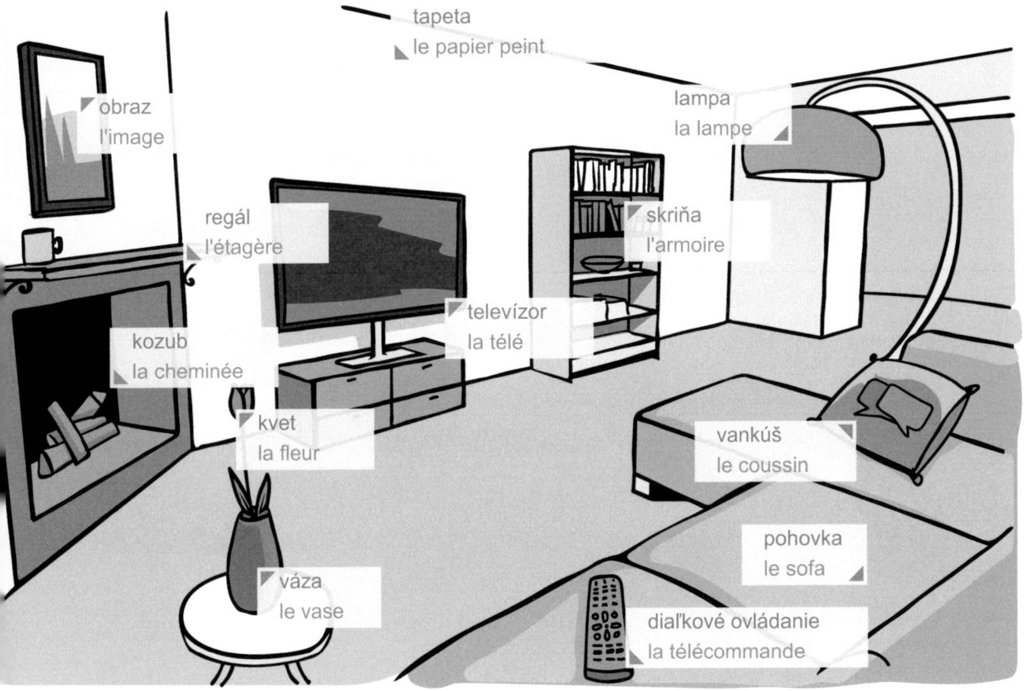

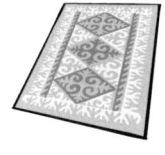

koberec

le tapis

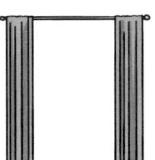

záclona

le rideau

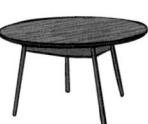

stôl

la table

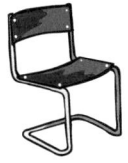

stolička

la chaise

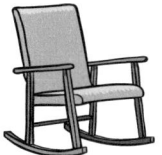

hojdacie kreslo

la chaise à bascule

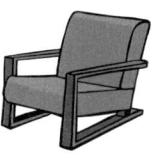

kreslo

le fauteuil

kniha

le livre

prikrývka

la couverture

dekorácia

la décoration

drevo na kúrenie

le bois de chauffage

film

le film

hi-fi veža

la chaîne hi-fi

kľúč

la clé

noviny

le journal

maľba

la peinture

plagát

le poster

rádio

la radio

zápisník

le bloc-notes

vysávač

l'aspirateur

kaktus

le cactus

sviečka

la bougie

kuchyňa
la cuisine

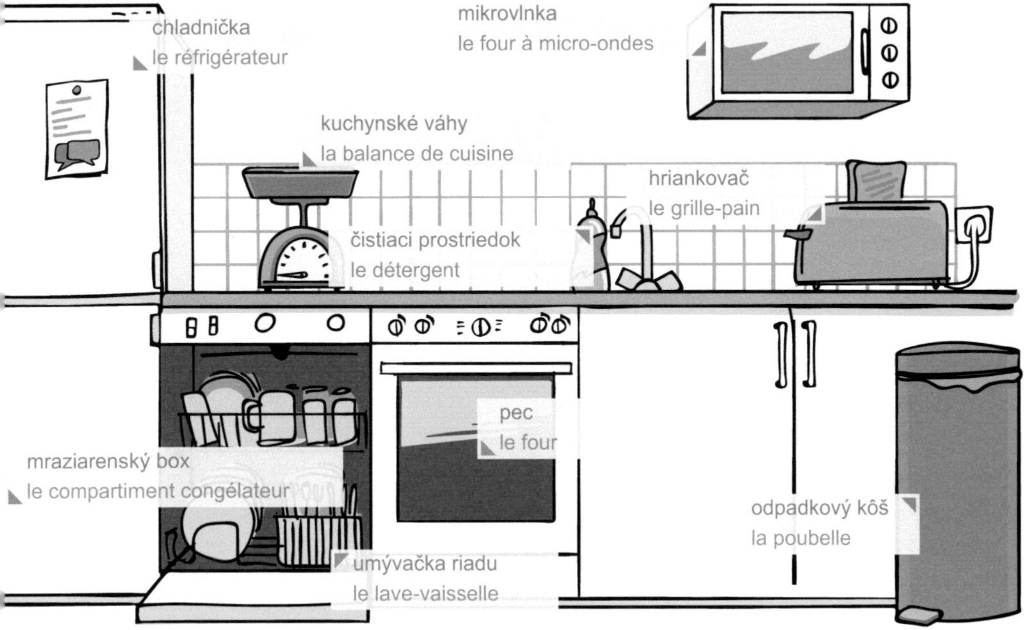
chladnička
le réfrigérateur
mikrovlnka
le four à micro-ondes
kuchynské váhy
la balance de cuisine
hriankovač
le grille-pain
čistiaci prostriedok
le détergent
pec
le four
mraziarenský box
le compartiment congélateur
odpadkový kôš
la poubelle
umývačka riadu
le lave-vaisselle

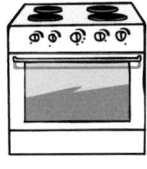

sporák

le four

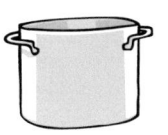

hrniec

la casserole

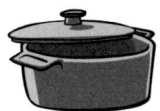

železný hrniec

la marmite

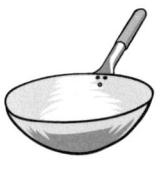

wok / kadai

le wok / kadai

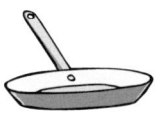

panvica

la poêle

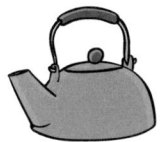

rýchlovarná kanvica

la bouilloire electrique

parný hrniec
le cuiseur vapeur

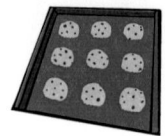

plech na pečenie
la plaque de cuisson

riad
la vaisselle

pohár
le gobelet

misa
la coupe

paličky
les baguettes

naberačka na polievku
la louche

stierka
la spatule

metlička
le fouet

cedidlo
la passoire

sitko
le tamis

strúhadlo
la râpe

mažiar
le mortier

gril
le barbecue

ohnisko
la cheminée

doska na krájanie

la planche à découper

valček na cesto

le rouleau à pâtisserie

vývrtka

le tire-bouchon

konzerva

la boîte

otvárač na konzervy

l'ouvre-boîte

chňapka

les maniques

výlevka

le lavabo

kefa

la brosse

hubka

l'éponge

mixér

le mixeur

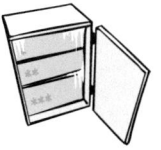

mraznička

le congélateur

kojenecká fľaša

le biberon

vodovodný kohútik

le robinet

kúpeľňa

la salle de bain

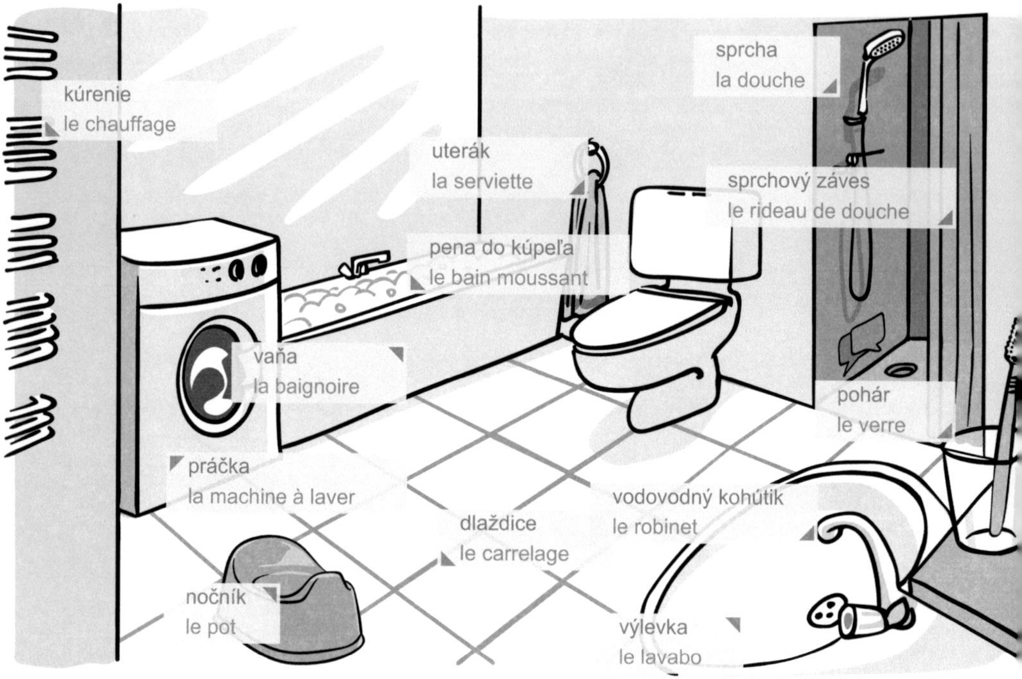

kúrenie
le chauffage
sprcha
la douche
uterák
la serviette
sprchový záves
le rideau de douche
pena do kúpeľa
le bain moussant
vaňa
la baignoire
pohár
le verre
práčka
la machine à laver
vodovodný kohútik
le robinet
dlaždice
le carrelage
nočník
le pot
výlevka
le lavabo

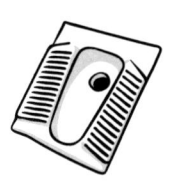

záchod

les toilettes

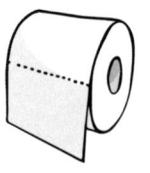

suchý záchod

la toilette à la turque

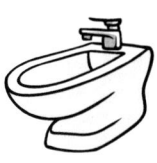

bidet

le bidet

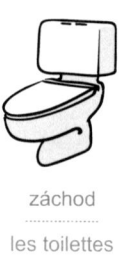

pisoár

l'urinoir

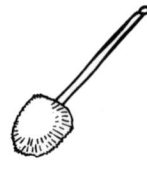

toaletný papier

le papier toilette

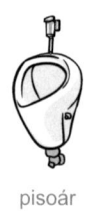

záchodová kefa

la brosse à toilette

zubná kefka

la brosse à dents

zubná pasta

le dentifrice

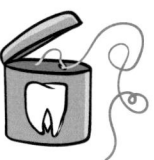

dentálna niť

le fil dentaire

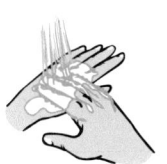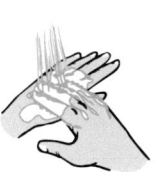

umývať

laver

ručná sprcha

la douche manuelle

sprcha pre intímnu hygienu

la douche intime

umývadlo

la vasque

kefa na chrbát

la brosse dorsale

mydlo

le savon

sprchový gél

le gel douche

šampón

le shampooing

frotírová rukavica

le gant de toilette

odtok

l'écoulement

krém

la crème

dezodorant

le déodorant

zrkadlo

le miroir

kozmetické zrkadlo

le miroir cosmétique

žiletka

le rasoir

pena na holenie

la mousse à raser

voda po holení

l'après-rasage

hrebeň

la peigne

kefa

la brosse

sušič vlasov

le sèche-cheveux

sprej na vlasy

la laque pour cheveux

make-up

le fond de teint

rúž

le rouge à lèvres

lak na nechty

le vernis à ongles

vata

l'ouate

nožnice na nechty

le coupe-ongles

parfum

le parfum

kozmetická taška

la trousse de toilette

stolček

le tabouret

váha

le pèse-personne

kúpací plášť

le peignoir

gumové rukavice

les gants de nettoyage

tampón

le tampon

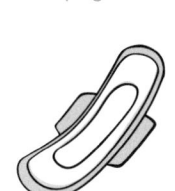

menštruačná vložka

les serviettes hygiéniques

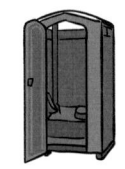

chemické WC

la toilette chimique

detská izba

la chambre d'enfant

budík
le réveil
plyšová hračka
le doudou
hračkárske auto
la voiture jouet
hrkálka
le hochet
domček pre bábiky
la maison de poupée
dar
le cadeau

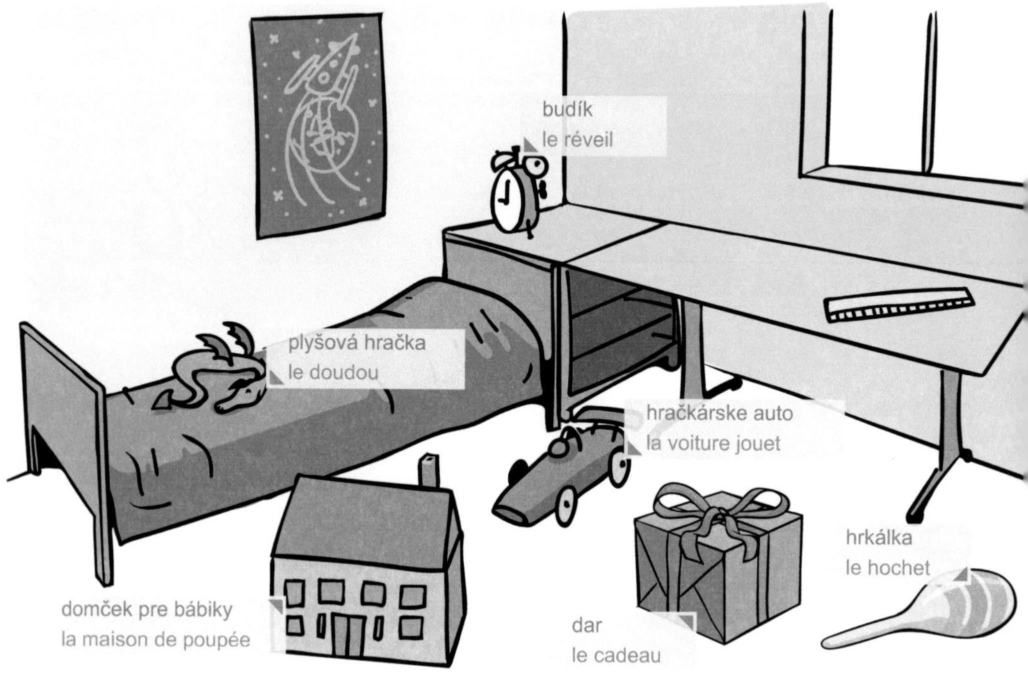

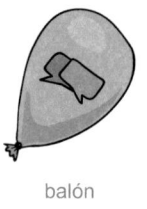

balón

le ballon

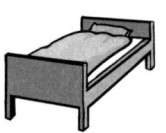

posteľ

le lit

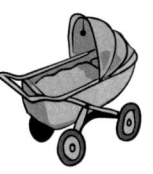

detský kočík

la poussette

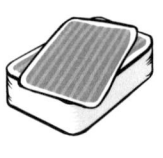

karty

le jeu de cartes

puzzle

le puzzle

SUPER MEGA

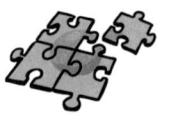

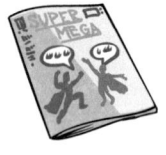

komix

la bande dessinée

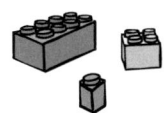

skladačka lego

les pièces lego

stavebnica

les blocs de construction

akčná postavička

la figurine

dupačky

la grenouillère

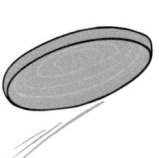

lietajúci tanier

le frisbee

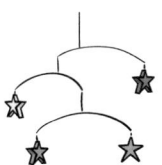

závesné hračky

le mobile

stolová hra

le jeu de société

kocka

le dé

modelový vláčik

le train miniature

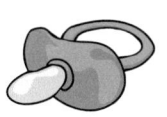

cumlík

la sucette

párty

la fête

obrázková kniha

le livre d'images

lopta

la balle

bábika

la poupée

hrať sa

jouer

pieskovisko

le bac à sable

hojdačka

la balançoire

hračky

les jouets

hracia konzola

la console de jeu

trojkolka

le tricycle

medvedík

l'ours en peluche

šatník

l'armoire

šatstvo
les vêtements

ponožky

les chaussettes

pančuchy

les bas

pančuchové nohavičky

le collant

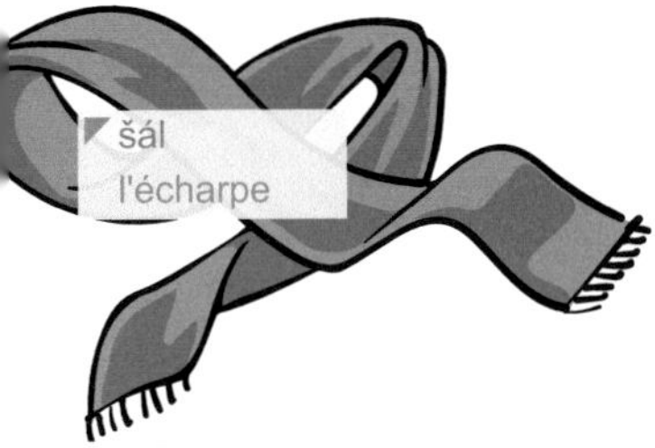

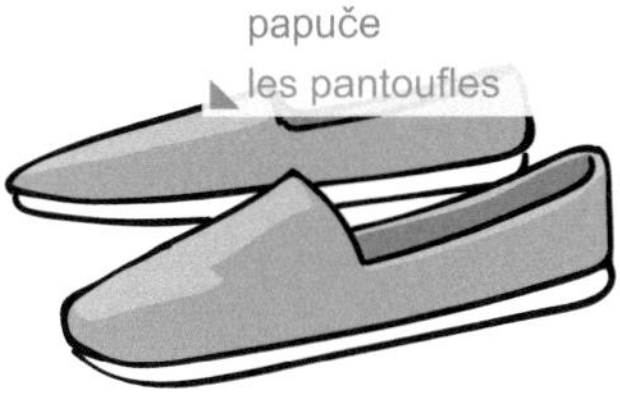

šál
l'écharpe

dáždnik
le parapluie

tričko
le t-shirt

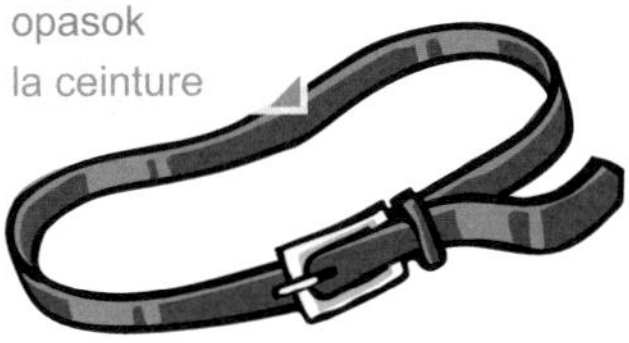

opasok
la ceinture

čižmy
les bottes

papuče
les pantoufles

tenisky
les baskets

sandále
les sandales

topánky
les chaussures

gumáky
les bottes de caoutchouc

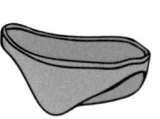

spodky
les sous-vêtements

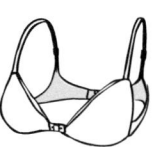

podprsenka
le soutien-gorge

tielko
le maillot de corps

body
le body

nohavice
le pantalon

džínsy
le jean

sukňa
la jupe

blúzka
le chemisier

košeľa
la chemise

pulóver
le pull

sveter
le sweat à capuche

blejzer
la veste

bunda
la veste

kabát
le manteau

pršiplášť
l'imperméable

kostým
le costume

šaty
la robe

svadobné šaty
la robe de mariée

oblek

le costume

nočná košeľa

la chemise de nuit

pyžamo

le pyjama

sari

le sari

šatka na hlavu

le foulard

turban

le turban

burka

la burqa

kaftan

le caftan

abaja

l'abaya

dvojdielne plavky

le maillot de bain

plavky

le maillot de bain

šortky

le short

teplákov á súprava

la tenue d'entraînement

zástera

le tablier

rukavice

les gants

gombík

le bouton

okuliare

les lunettes

náramok

le bracelet

retiazka

le collier

prsteň

la bague

náušnica

la boucle d'oreille

čiapka

le bonnet

vešiak

le cintre

klobúk

le chapeau

kravata

la cravate

zips

la fermeture éclair

prilba

le casque

traky

les bretelles

školská uniforma

l'uniforme scolaire

uniforma

l'uniforme

podbradník

le bavoir

cumlík

la sucette

plienka

la lange

kancelária
le bureau

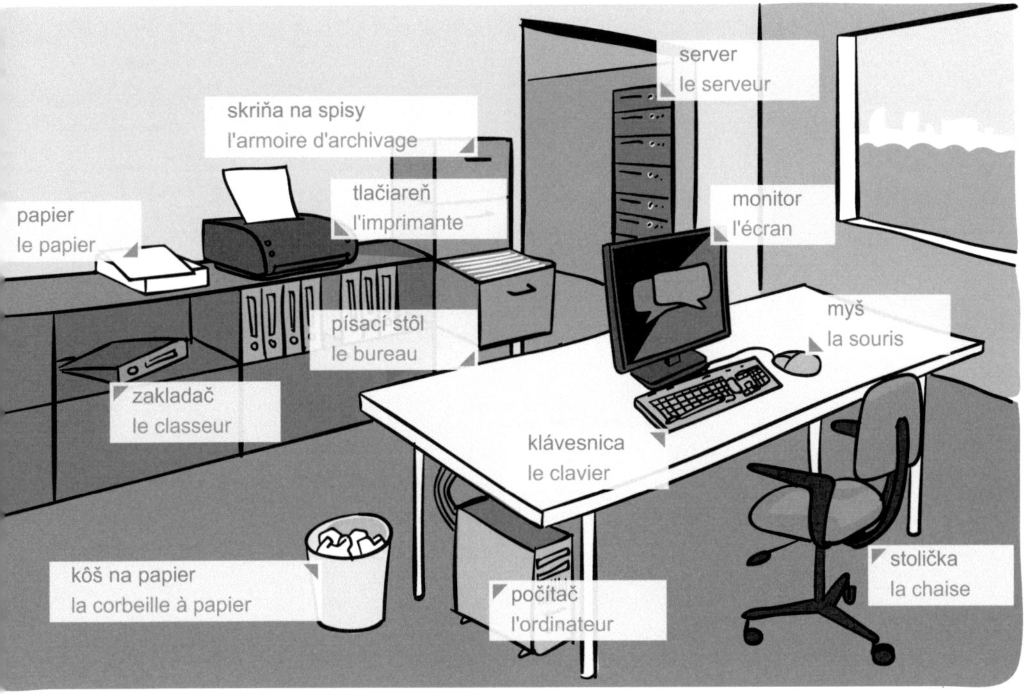

server
le serveur

skriňa na spisy
l'armoire d'archivage

tlačiareň
l'imprimante

monitor
l'écran

papier
le papier

myš
la souris

písací stôl
le bureau

zakladač
le classeur

klávesnica
le clavier

kôš na papier
la corbeille à papier

stolička
la chaise

počítač
l'ordinateur

hrnček na kávu

la tasse de café

kalkulačka

la calculatrice

internet

l'internet

laptop

l'ordinateur portable

list

la lettre

správa

le message

mobil

le portable

sieť

le réseau

kopírka

la photocopieuse

softvér

le logiciel

telefón

le téléphone

elektrická zásuvka

la prise

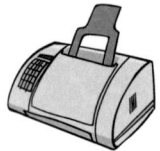

fax

le fax

formulár

le formulaire

doklad

le document

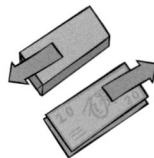

kúpiť

acheter

platiť

payer

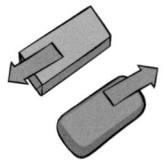

obchodovať

faire du commerce

peniaze

la monnaie

USD

dolár

le dollar

EUR

euro

l'euro

JPY

jen

le yen

RUB

rubeľ

le rouble

CHF

švajčiarsky frank

le franc suisse

CNY

čínsky jüan

le renminbi yuan

INR

rupia

la roupie

bankomat

le distributeur automatique

zmenáreň

le bureau de change

zlato

l'or

striebro

l'argent

ropa

le pétrole

energia

l'énergie

cena

le prix

zmluva

le contrat

daň

la taxe

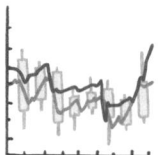

akcia

l'action

pracovať

travailler

zamestnanec

l'employé

zamestnávateľ

l'employeur

továreň

l'usine

obchod

le magasin

povolania
les professions

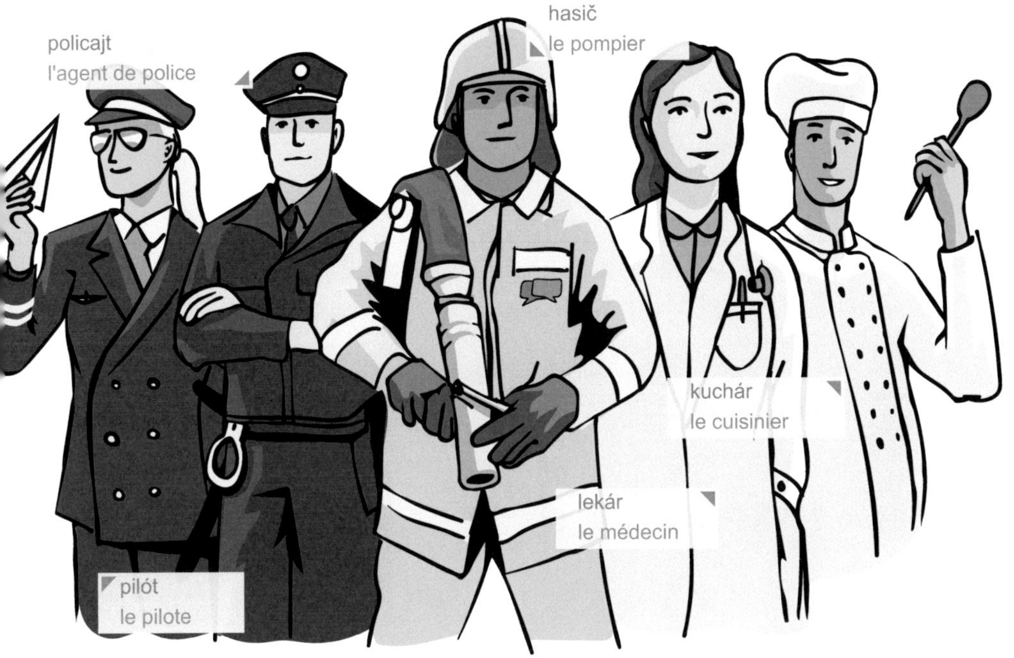
hasič
le pompier
policajt
l'agent de police
kuchár
le cuisinier
lekár
le médecin
pilót
le pilote

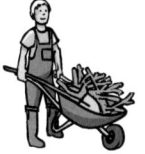

záhradník

le jardinier

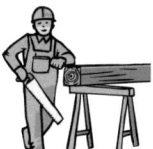

stolár

le menuisier

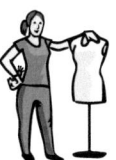

krajčírka

la couturière

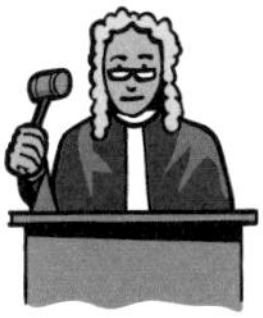

sudca

le juge

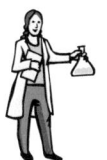

chemik

le chimiste

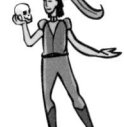

herec

l'acteur

vodič autobusu

le conducteur de bus

taxikár

le chauffeur de taxi

rybár

le pêcheur

upratovačka

la femme de ménage

pokrývač

le couvreur

čašník

le serveur

poľovník

le chasseur

maliar

le peintre

pekár

le boulanger

elektrikár

l'électricien

stavebný robotník

l'ouvrier

inžinier

l'ingénieur

mäsiar

le boucher

klampiar

le plombier

poštár

le facteur

vojak

le soldat

architekt

l'architecte

pokladník

le caissier

kvetinár

le fleuriste

kaderník

le coiffeur

sprievodca

le contrôleur

mechanik

le mécanicien

kapitán

le capitaine

zubár

le dentiste

vedec

le scientifique

rabín

le rabbin

imám

l'imam

mních

le moine

farár

le prêtre

náradie
les outils

kladivo
le marteau
kliešte
les pinces
skrutkovač
le tournevis
kľúč na skrutky
la clé
baterka
la torche

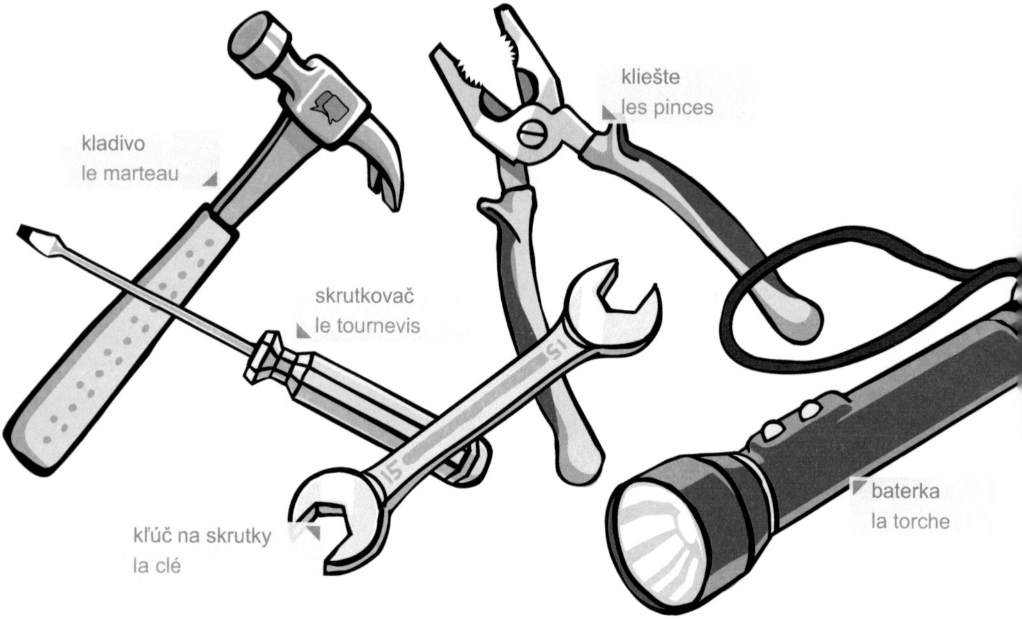

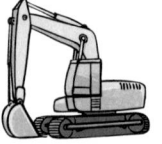

bager
la pelleteuse

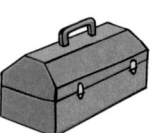

súprava náradia
la boîte à outils

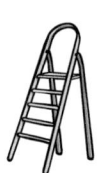

rebrík
l'échelle

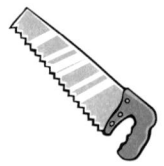

pílka
la scie

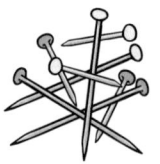

klince
les clous

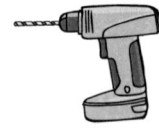

vrták
la perceuse

opravit'

réparer

lopata

la pelle

Do čerta!

Mince !

lopatka na smeti

la pelle

nádoba s farbou

le pot de peinture

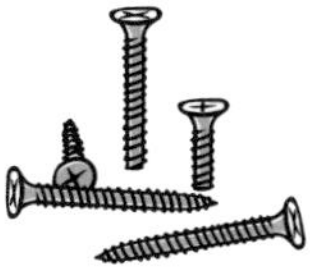

skrutky

les vis

hudobné nástroje

les instruments de musique

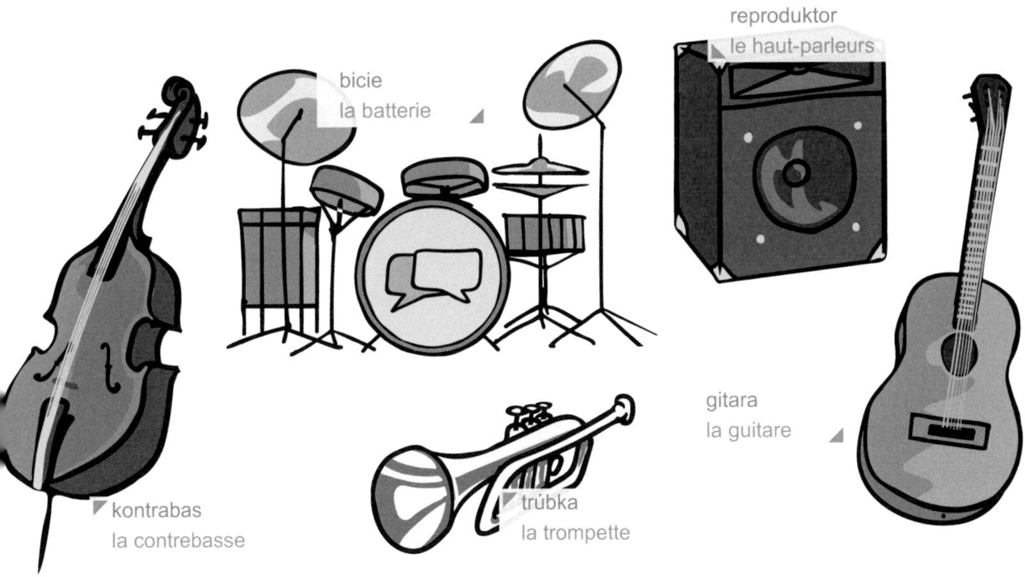

bicie
la batterie

reproduktor
le haut-parleurs

kontrabas
la contrebasse

trúbka
la trompette

gitara
la guitare

klavír

le piano

husle

le violon

basa

la basse

tympany

les timbales

bubon

le tambour

klávesnica

le piano électrique

saxofón

le saxophone

flauta

la flûte

mikrofón

le microphone

ZOO

le zoo

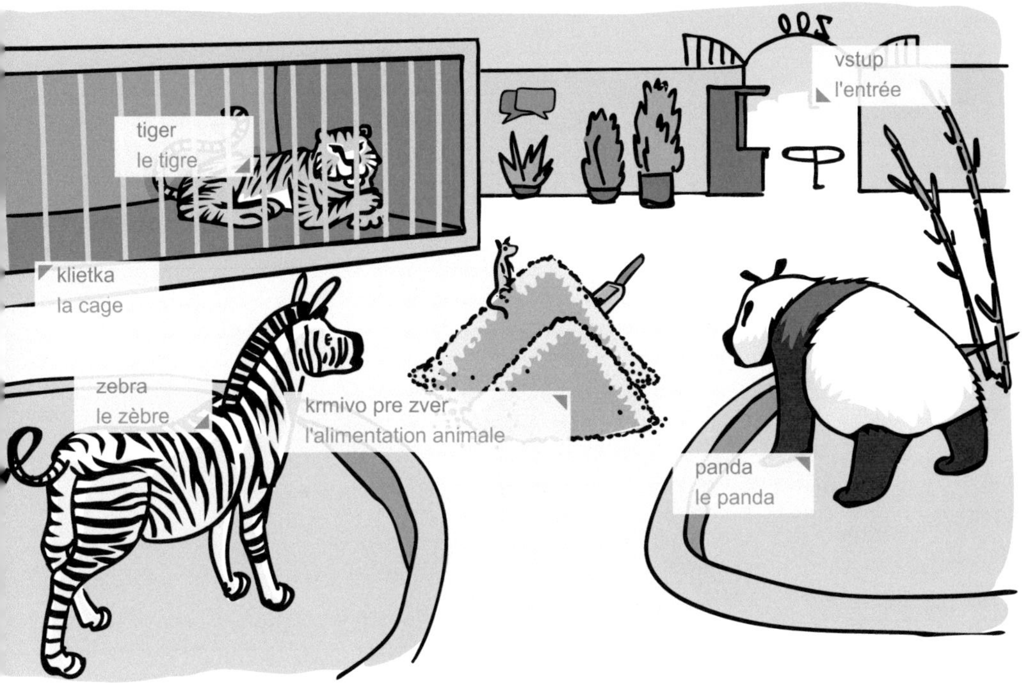

zoo
vstup
l'entrée
tiger
le tigre
klietka
la cage
zebra
le zèbre
krmivo pre zver
l'alimentation animale
panda
le panda

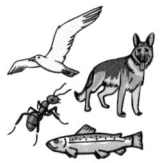

zvieratá

les animaux

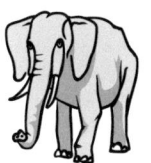

slon

l'éléphant

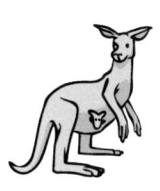

klokan

le kangourou

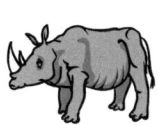

nosorožec

le rhinocéros

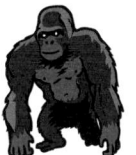

gorila

le gorille

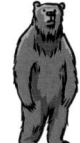

medveď

l'ours

ťava

le chameau

pštros

l'autruche

lev

le lion

opica

le singe

plameniak

le flamand rose

papagáj

le perroquet

ľadový medveď

l'ours polaire

tučniak

le pingouin

žralok

le requin

páv

le paon

had

le serpent

krokodíl

le crocodile

ošetrovateľ v ZOO

le gardien de zoo

tuleň

le phoque

jaguár

le jaguar

poník

le poney

leopard

le léopard

hroch

l'hippopotame

žirafa

la girafe

orol

l'aigle

diviak

le sanglier

ryba

le poisson

korytnačka

la tortue

mrož

le morse

líška

le renard

gazela

la gazelle

americký futbal
l'american Football

cyklistika
le cyclisme

tenis
le tennis

basketbal
le basket-ball

plávanie
la natation

box
la boxe

hokej
le hockey sur glace

futbal

le football

bedminton

le badminton

ľahká atletika

l'athlétisme

hádzaná

le handball

lyžovanie

le ski

pólo

le polo

skočiť
sauter

smiať sa
rire

objať
embrasser

spievať
chanter

chodiť
marcher

snívať
rêver

modliť sa
prier

pobozkať
faire la bise

písať
écrire

kresliť
dessiner

ukázať
montrer

tlačiť
pousser

dať
donner

brať
prendre

mať

avoir

robiť

faire

byť

être

stáť

être debout

bežať

courir

ťahať

trier

hádzať

jeter

padnúť

tomber

ležať

être couché

čakať

attendre

nosiť

porter

sedieť

être assis

obliecť sa

s'habiller

spať

dormir

zobudiť sa

se réveiller

pozerať

regarder

plakať

pleurer

hladkať

caresser

česať

peigner

hovoriť

parler

rozumieť

comprendre

pýtať sa

demander

počuť

écouter

piť

boire

jesť

manger

upratať

ranger

milovať

aimer

variť

cuire

jazdiť

conduire

letieť

voler

plachtiť

faire de la voile

počítať

calculer

čítať

lire

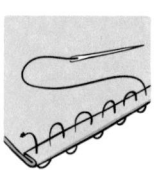

učiť sa

apprendre

pracovať

travailler

oženiť

se marier

šiť

coudre

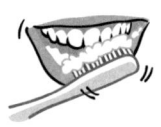

čistiť zuby

brosser les dents

zabiť

tuer

fajčiť

fumer

poslať

envoyer

rodina
la famille

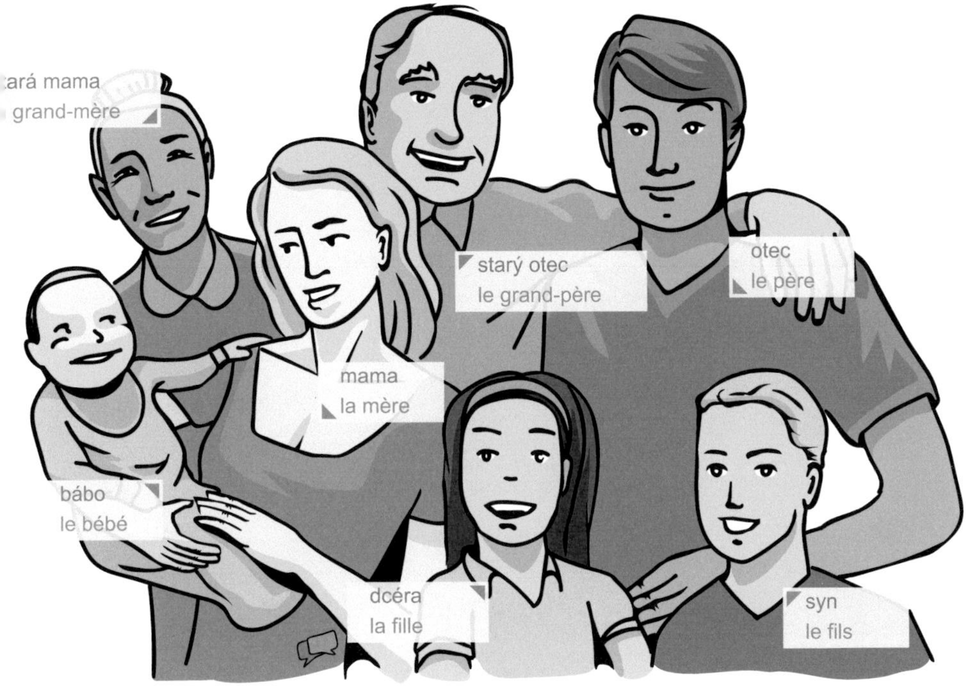

ará mama
grand-mère
starý otec
le grand-père
otec
le père
mama
la mère
bábo
le bébé
dcéra
la fille
syn
le fils

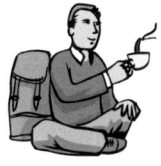

hosť

l'hôte

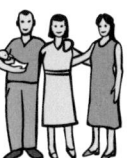

teta

la tante

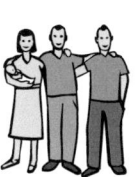

strýko

l'oncle

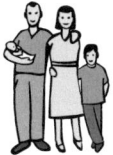

brat

le frère

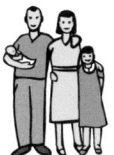

sestra

la sœur

telo
le corps

čelo
le front
oko
l'œil
plece
l'épaule
prst
le doigt
tvár
le visage
brada
le menton
ruka
la main
hruď
la poitrine
noha
la jambe
rameno
le bras

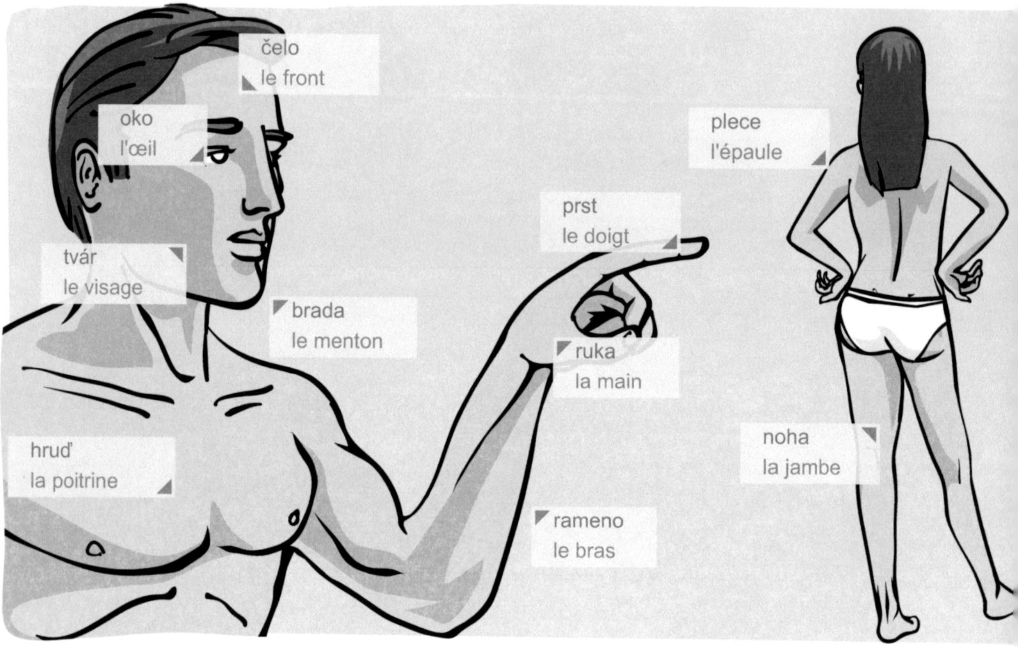

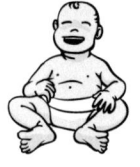

bábo

le bébé

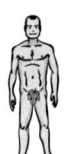

muž

l'homme

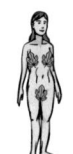

žena

la femme

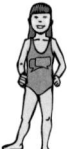

dievča

la fille

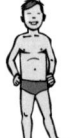

chlapec

le garçon

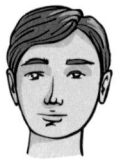

hlava

la tête

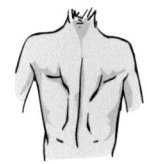

chrbát

le dos

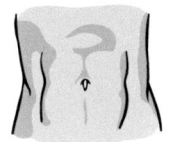

brucho

le ventre

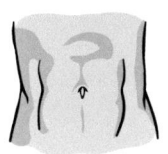

pupok

le nombril

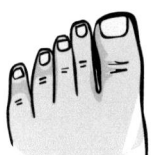

prst na nohe

l'orteil

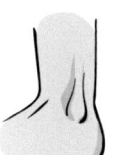

päta

le talon

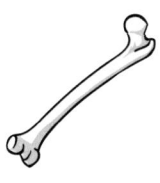

kosť

l'os

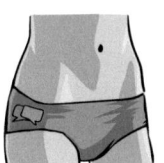

bok

la hanche

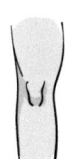

koleno

le genou

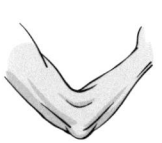

lakeť

le coude

nos

le nez

zadok

les fesses

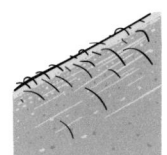

koža

la peau

líce

la joue

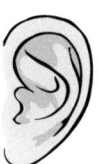

ucho

l'oreille

pery

la lèvre

ústa
la bouche

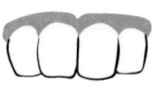

zub
la dent

jazyk
la langue

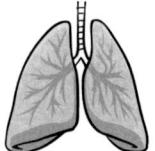

mozog
le cerveau

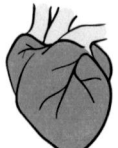

srdce
le cœur

svaly
le muscle

pľúca
les poumons

pečeň
le foie

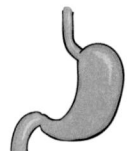

žalúdok
l'estomac

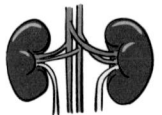

obličky
les reins

pohlavný styk
le rapport sexuel

kondóm
le préservatif

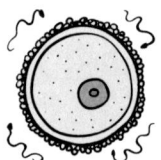

vaječná bunka
l'ovule

semeno
le sperme

tehotenstvo
la grossesse

telo - le corps

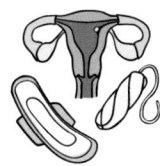

menštruácia

la menstruation

vagína

le vagin

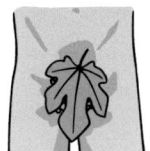

penis

le pénis

obočie

le sourcil

vlasy

les cheveux

krk

le cou

nemocnica
l'hôpital

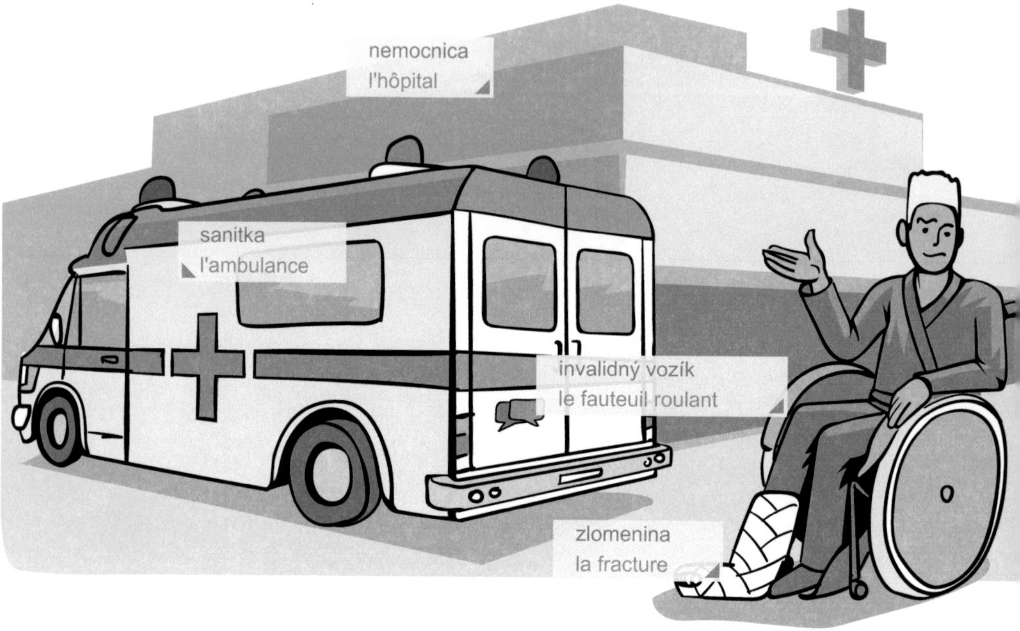

nemocnica
l'hôpital
sanitka
l'ambulance
invalidný vozík
le fauteuil roulant
zlomenina
la fracture

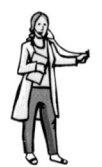

lekár

le médecin

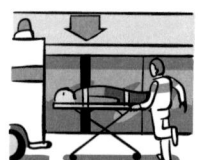

urgentný príjem

le service des urgences

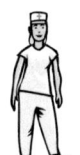

sestrička

l'infirmière

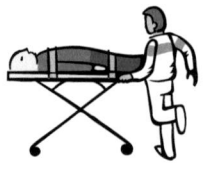

urgentný prípad

l'urgence

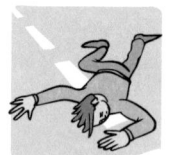

v bezvedomí

inconscient

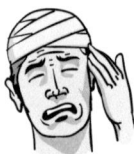

bolesť

la douleur

zranenie

la blessure

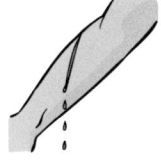

krvácanie

l'hémorragie

srdcový infarkt

la crise cardiaque

mozgová porážka

l'attaque cérébrale

alergia

l'allergie

kašeľ

la toux

teplota

la fièvre

chrípka

la grippe

hnačka

la diarrhée

bolesť hlavy

le mal de tête

rakovina

le cancer

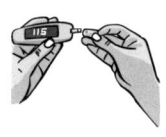

cukrovka

le diabète

chirurg

le chirurgien

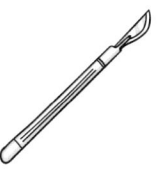

skalpel

le scalpel

operácia

l'opération

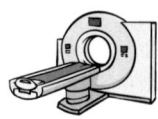

CT
le CT

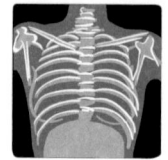

RTG
la radiographie

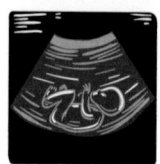

ultrazvuk
l'échographie

maska
le masque

choroba
la maladie

čakáreň
la salle d'attente

barla
la béquille

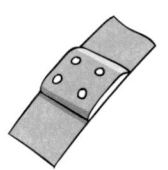

náplasť
le pansement

obväz
le pansement

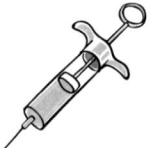

injekcia
l'injection

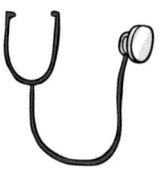

fonendoskop
le stéthoscope

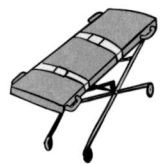

nosidlá
le brancard

teplomer
le thermomètre

pôrod
l'accouchement

nadváha
la surcharge pondérale

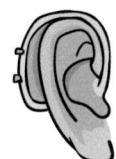

audiofón

l'appareil auditif

dezinfekčný prostriedok

le désinfectant

infekcia

l'infection

vírus

le virus

HIV / AIDS

le VIH / le sida

medicína

le médicament

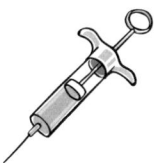

očkovanie

la vaccination

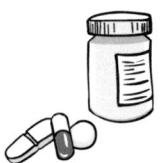

tabletky

les comprimés

antikoncepčná pilulka

la pilule

tiesňové volanie

l'appel d'urgence

tlakomer

le tensiomètre

chorý / zdravý

malade / sain

Pomoc!
Au secours !

alarm
l'alarme

prepad
l'assaut

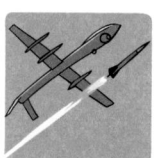

útok
l'attaque

nebezpečenstvo
le danger

núdzový východ
la sortie de secours

Horí!
Au feu!

hasičský prístroj
l'extincteur

nehoda
l'accident

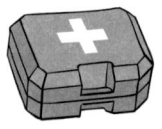

kufrík prvej pomoci
la trousse de premier
secours

SOS
SOS

polícia
la police

Európa

l'Europe

Severná Amerika

l'Amérique du Nord

Južná Amerika

l'Amérique du Sud

Afrika

l'Afrique

Ázia

l'Asie

Austrália

l'Australie

Atlantický oceán

l'Océan atlantique

Tichý oceán

l'Océan pacifique

Indický oceán

l'Océan indien

Južný oceán

l'Océan antarctique

Severný ľadový oceán

l'Océan arctique

Severný pól

le Pôle nord

Južný pól
le Pôle sud

Antarktída
l'Antarctique

Zem
la terre

krajina
le pays

more
la mer

ostrov
l'île

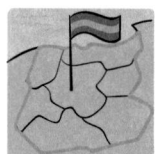

národ
la nation

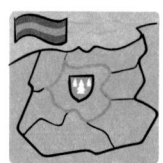

štát
l'état

ciferník

le cadran

hodinová ručička

l'aiguille des heures

minútová ručička

l'aiguille des minutes

sekundová ručička

l'aiguille des secondes

Koľko je hodín?

Quelle heure est-il ?

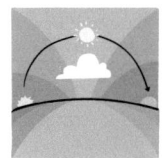

deň

le jour

čas

le temps

teraz

maintenant

digitálne hodiny

la montre digitale

minúta

la minute

hodina

l'heure

týždeň
la semaine

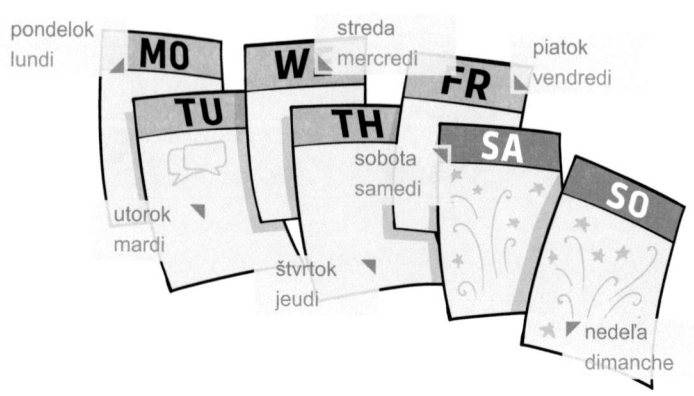

pondelok
lundi

utorok
mardi

streda
mercredi

štvrtok
jeudi

piatok
vendredi

sobota
samedi

nedeľa
dimanche

včera

hier

dnes

aujourd'hui

zajtra

demain

ráno

le matin

poludnie

le midi

večer

le soir

MO	TU	WE	TH	FR	SA	SU
1	2	3	4	5	6	7
8	9	10	11	12	13	14
15	16	17	18	19	20	21
22	23	24	25	26	27	28
29	30	31	1	2	3	4

pracovné dni

les jours ouvrables

MO	TU	WE	TH	FR	SA	SU
1	2	3	4	5	6	7
8	9	10	11	12	13	14
15	16	17	18	19	20	21
22	23	24	25	26	27	28
29	30	31	1	2	3	4

víkend

le week-end

dážď
la pluie

dúha
l'arc-en-ciel

sneh
la neige

vietor
le vent

jar
le printemps

jeseň
l'automne

leto
l'été

zima
l'hiver

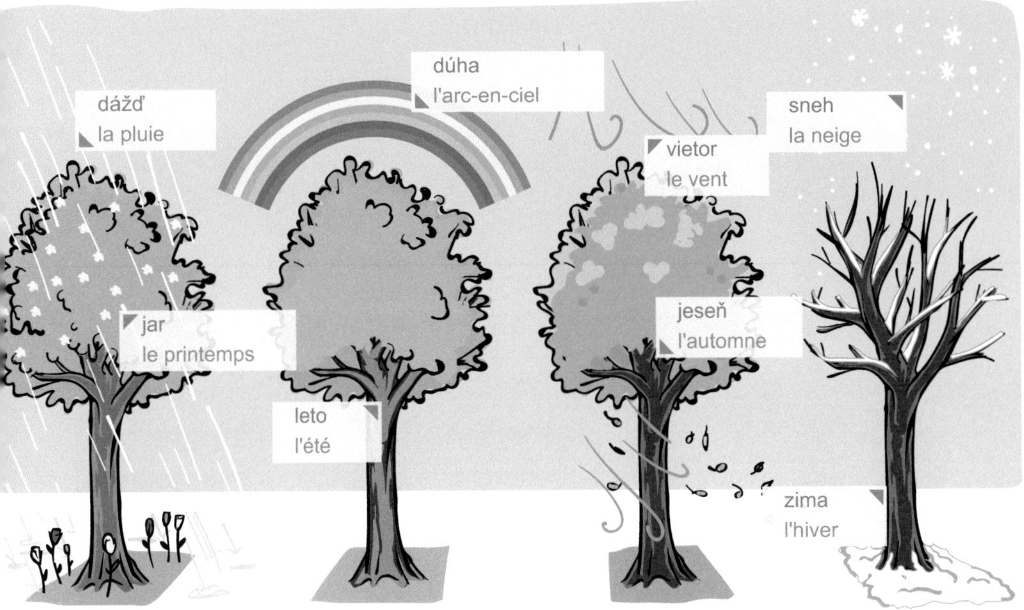

predpoveď počasia

la météo

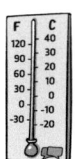

teplomer

le thermomètre

slnečný svit

la lumière du soleil

oblak

le nuage

hmla

le brouillard

vlhkosť vzduchu

l'humidité

blesk

la foudre

hrom

la tonnerre

búrka

la tempête

krúpy

la grêle

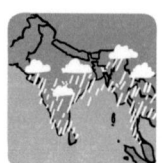

monzún

la mousson

záplava

l'inondation

ľad

la glace

január

janvier

február

février

marec

mars

apríl

avril

máj

mai

jún

juin

júl

juillet

august

août

rok - l'année

september
....
septembre

október
....
octobre

november
....
novembre

december
....
décembre

tvary

les formes

kruh
....
le cercle

štvorec
....
le carré

obdĺžnik
....
le rectangle

trojuholník
....
le triangle

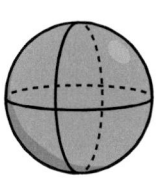

guľa
....
la sphère

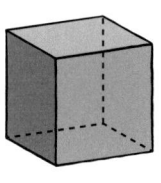

kocka
....
le cube

biela

blanc

žltá

jaune

oranžová

orange

ružová

rose

červená

rouge

fialová

violet

modrá

bleu

zelená

vert

hnedá

marron

šedá

gris

čierna

noir

veľa / málo

beaucoup / peu

zúrivý / pokojný

fâché / calme

pekný / škaredý

joli / laid

začiatok / koniec

le début / la fin

veľký / malý

grand / petit

svetlý / tmavý

clair / obscure

brat / sestra

frère / soeur

čistý / špinavý

propre / sale

úplný / neúplný

complet / incomplet

deň / noc

le jour / la nuit

mŕtvy / živý

mort / vivant

široký / úzky

large / étroit

chutný / nechutný

comestible / incomestible

zlostný / láskavý

méchant / gentil

vzrušený / unudený

excité / ennuyé

tlstý / chudý

gros / mince

prvý / posledný

le premier / le dernier

priateľ / nepriateľ

l'ami / l'ennemi

plný / prázdny

plein / vide

tvrdý / mäkký

dur / souple

ťažký / ľahký

lourd / léger

hlad / smäd

faim / soif

chorý / zdravý

malade / sain

nelegálny / legálny

illégal / légal

inteligentný / hlúpy

intelligent / stupide

vľavo / vpravo

gauche / droite

blízko / ďaleko

proche / loin

nový / použitý

nouveau / usé

nič / niečo

rien / quelque chose

starý / mladý

vieux / jeune

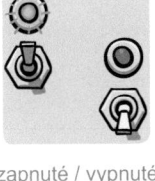

zapnuté / vypnuté

marche / arrêt

otvorené / zatvorené

ouvert / fermé

tichý / hlasný

faible / fort

bohatý / chudobný

riche / pauvre

správne / nesprávne

correct / incorrect

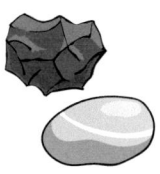

drsný / hladký

rugueux / lisse

smutný / šťastný

triste / heureux

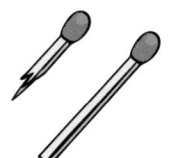

krátky / dlhý

court / long

pomaly / rýchlo

lent / rapide

mokrý / suchý

mouillé / sec

teplý / studený

chaud / froid

vojna / mier

la guerre / la paix

0

nula
zéro

1

jeden
un / une

2

dva
deux

3

tri
trois

4

štyri
quatre

5

päť
cinq

6

šesť
six

7

sedem
sept

8

osem
huit

9

deväť
neuf

10

desať
dix

11

jedenásť
onze

12

dvanásť

douze

13

trinásť

treize

14

štrnásť

quatorze

15

pätnásť

quinze

16

šestnásť

seize

17

sedemnásť

dix-sept

18

osemnásť

dix-huit

19

devätnásť

dix-neuf

20

dvadsať

vingt

100

sto

cent

1.000

tisíc

mille

1.000.000

milión

le million

angličtina

l'anglais

americká angličtina

l'anglais américain

mandarínska čínština

le chinois mandarin

hindčina

le hindi

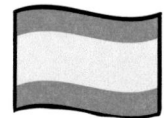

španielčina

l'espagnol

francúzština

le français

arabčina

l'arabe

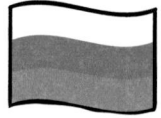

ruština

le russe

portugalčina

le portugais

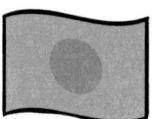

bengálčina

le bengali

nemčina

l'allemand

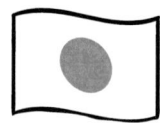

japončina

le japonais

ja
je

ty
tu

on/ona/ono
il / elle / ce, c', cela

my
nous

vy
vous

oni
ils / elles

kto?
Qui ?

čo?
Quoi ?

ako?
Comment ?

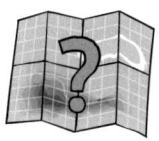

kde?
Où ?

kedy?
Quand ?

meno
le nom

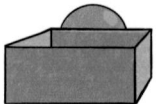

za

derrière

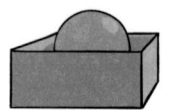

v

dans

pred

devant

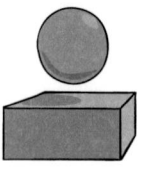

nad

au-dessus

na

sur

pod

en-dessous

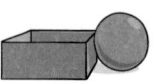

vedľa

à côté de

medzi

entre

miesto

le lieu